적이 나타나면
동물들은 다양한 방법으로
방어 행동을 하는구나.

글 하늘땅

그림책을 기획하고 만드는 일을 하고 있습니다.
그동안 만든 책으로는 <자연이랑>, <심쿵>, <우리아람이>, <과학특공대>,
<지식특공대> 등이 있습니다. 하늘땅은 아이들에게 평생 기억될 수 있는 그림책을
만들기 위해 노력하고 있습니다.

그림 국지승

서울예술대학교 시각디자인학과를 졸업하였습니다.
경기도에 있는 작은 집에서 이야기를 만들고 그림을 그리며
그림책 작가로 활동하고 있습니다.
그린 책으로는 <모두 모두 달라>, <욕심 많은 개 거짓말쟁이 양치기 소년>,
<있는 그대로가 좋아>, <앗! 따끔!>, <나도 공주 하고 싶은데> 등이 있습니다.

감수 박시룡

경희대학교 생물학과를 졸업하고 독일 본대학교에서
동물행동학을 전공하여 박사 학위를 받았습니다.
한국교원대학교 생물교육과 교수, 황새복원연구센터 소장을 지냈습니다.
지은 책으로 <와우! 우리들의 동물친구>, <동물행동학의 이해> 등이 있고,
옮긴 책으로는 <딱새를 속여 번식하는 뻐꾸기>,
<진딧물을 길들이는 붉은개미> 등이 있습니다.
KBS <동물의 세계>, <동물의 왕국>의 감수도 맡고 있습니다.

동물 · 동물의 방어 행동 12 내 몸은 내가 지켜

하늘땅 글 · 국지승 그림 · 박시룡 감수
펴낸곳 (주)아람키즈 | 펴낸이 이소영 | 주소 서울특별시 성동구 성수이로 147, 아이에스비즈타워 2F
고객센터 1644-4521 | 팩스 02-468-5548 | 홈페이지 www.aramkids.co.kr | 출판등록 제2020-000011호
기획 · 편집 · 디자인 (주)아람키즈 하늘땅
ISBN 979-11-6543-521-9 979-11-6543-574-5(세트)

내 몸은 내가 지켜

하늘땅 글 · 국지승 그림 · 박시룡 감수

아람키즈

헉, 무서운 공룡이 나타났어!
빨리 몸을 동글동글 공처럼
만들자.
빙그르르, 뱅그르르.

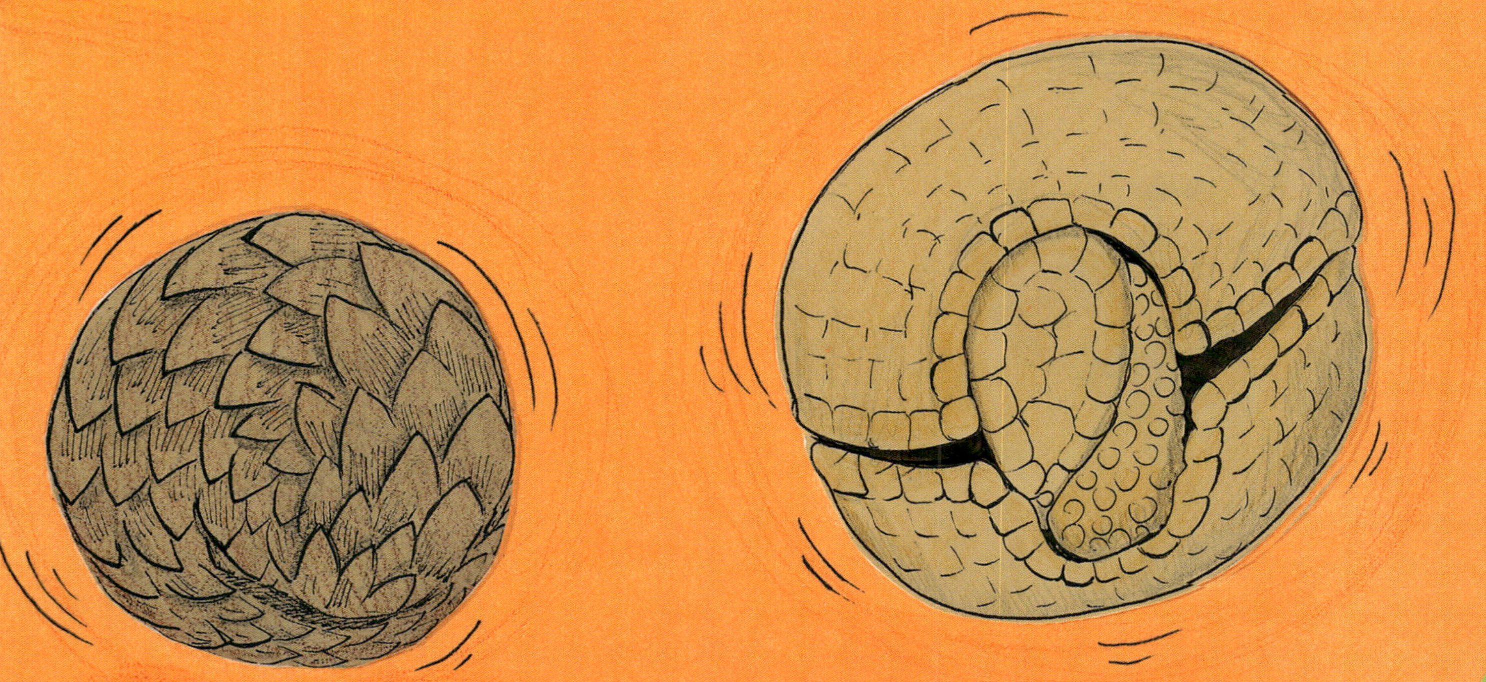

안녕? 나야, 나!
천산갑

너야? 놀랐잖아.

휙
휙

으악, 무서운 공룡이다!

빨리 가시를 세우자.

뾰족뾰족, 삐죽삐죽.

안녕? 나야, 나!
가시두더지

너야? 놀랐잖아.

헉, 무서운 공룡이 나타났어!
빨리 딱딱한 껍데기 속으로 숨자.
쏘옥, 쑤욱.

너야? 놀랐잖아.

미안해, 나였어!

쿵
쿵

으악, 무서운 공룡이다!

빨리 기절한 척하자.

스르르, 사르르.

안녕? 나야, 나!
주머니쥐
너구리

너야? 놀랐잖아.

헉, 무서운 공룡이 나타났어!

빨리 고약한 냄새를 뿜자.

쉭쉭, 쉬이익.

에구, 나야, 나!
노린재
폭탄먼지벌레

너야? 놀랐잖아.

으악, 무서운 공룡이다!
빨리 까만 물, 빨간 물, 전기를 내뿜자.
찌찌, 찌릿찌릿.

안녕? 나야, 나!
뿔도마뱀

너야? 놀랐잖아.

오호, 공룡이 나타났어!
무섭게 달려들어 볼까?
다다다닥, 스르륵.

코브라
너희야? 놀랐잖아.
안녕? 우리야, 우리!
두꺼비
목도리도마뱀

우아, 너희 모두 대단한데.

그럼, 내 몸은
내가 지켜야지.

신나는 과학놀이

문제 다음 중 다리가 여덟 개인 동물로,
위험에 처하면 까만 **먹물**을 뿜고 도망가는 것은 무엇일까요?

① 
가시복

② 
문어

③ 
두꺼비

④ 
목도리도마뱀

정답은? ① ② ③ ④

문제 동물들마다 여러 가지 방어 행동이 있어요. 다음 중 **틀린 말**을 고르세요.

① 나는 위험에 처하면 고약한 냄새를 뿜어내.

스컹크

② 나는 위험에 처하면 몸을 공처럼 만들어.

아르마딜로

③ 나는 위험에 처하면 다른 때와 똑같이 행동해.

전기가오리

④ 나는 위험에 처하면 기절한 척해.

기절염소

정답은? ① ② ③ ④